first word search

Phonics Word Search

Gary
Lacoste

STERLING

New York / London
www.sterlingpublishing.com/kids

STERLING and the distinctive Sterling logo are registered trademarks of Sterling Publishing Co., Inc.

Lot #:
10 9 8 7 6 5 4 3 2 1
09/10
Published by Sterling Publishing Co., Inc.
387 Park Avenue South, New York, NY 10016

Distributed in Canada by Sterling Publishing
c/o Canadian Manda Group, 165 Dufferin Street
Toronto, Ontario, Canada M6K 3H6
Distributed in Australia by Capricorn Link (Australia) Pty. Ltd.
P.O. Box 704, Windsor, NSW 2756, Australia

Sterling ISBN 978-1-4027-7801-8

For information about custom editions, special sales, premium and
corporate purchases, please contact Sterling Special Sales
Department at 800-805-5489 or specialsales@sterlingpublishing.com.

A Note to Parents:

Word search puzzles are both great teaching tools and lots of fun. After reading the word and spelling it out loud, have your child search for it in the grid. Then once it's found, have your child use the word in a sentence. This will help to reinforce vocabulary and grammatical skills.

Directions:

Each puzzle consists of a letter grid and a word list at the bottom of the grid. Each word can be found somewhere in the letter grid. The tricky part is that a word can appear reading across, down, or diagonally. There are many different ways to search for a word. A few hints: First look for words that go across; words that go down; or words with unusual letters in them, like Q, Z, X, or J. Once the word is found, draw a circle around it. It's also a good idea to cross out the words from the word list once you've found them so that no time is wasted searching for the same word twice. Once all of the words have been found, check in the answer section to see if they are right. That's all there is to it!

AI Sounds

```
W  M  A  I  D  D  M  L  T
R  F  T  W  I  G  H  N  W
N  T  R  A  I  T  J  D  L
M  C  R  P  M  R  D  A  N
R  F  H  X  A  N  N  I  L
A  M  J  A  I  I  A  S  M
I  R  P  A  I  R  N  Y  M
S  X  T  C  G  N  R  T  N
E  S  C  T  B  R  A  I  D
```

afraid   maid
braid   paint
chain   raise
daisy   stain
grain   trait

AW Sounds

```
R  S  J  L  L  K  K  L  Z
K  A  J  A  W  Z  U  Y  Z
R  W  C  A  Z  F  Z  F  S
N  M  H  L  W  P  R  M  T
Z  B  R  A  A  P  J  M  R
F  D  V  N  M  W  A  T  A
A  K  O  U  T  L  A  W  W
W  A  W  N  I  N  G  X  N
N  N  H  Q  J  G  N  K  T
```

awful	jaw
awning	outlaw
claw	pawn
fawn	saw
hawk	straw

AY Sounds

```
O  X  G  G  E  V  K  H  N
N  K  M  R  P  S  V  M  C
M  K  A  A  W  D  S  Y  M
C  R  A  Y  O  N  A  A  F
L  H  I  G  H  W  A  Y  Y
V  N  N  P  A  Y  D  A  Y
D  I  S  P  L  A  Y  N  R
P  R  X  M  M  A  Y  O  R
F  T  Z  C  H  L  W  B  V
```

away
crayon
display
essay
gray

hay
highway
mayor
okay
payday

BL Sounds

```
B  B  B  T  B  L  U  R  T
L  L  K  L  N  B  N  G  D
U  I  O  L  E  P  H  N  G
S  Z  V  U  I  A  A  J  P
H  Z  Y  L  S  L  K  T  X
R  A  B  M  B  E  W  C  R
Q  R  G  K  L  B  L  O  T
L  D  T  N  E  K  J  X  Q
B  L  A  B  D  T  L  R  T
```

blab	blizzard
bland	blot
bleak	blouse
bled	blurt
blip	blush

BR Sounds

M B R I N G W G E
D B R A V O V K T
B C K B K F O E R
R R M R R R L L R
U R O E B E M T H
N Z D W C I A L N
C D N A R D T K R
H R R B N F L X M
P B T L B R U T E

bracelet
bravo
break
brew
brim

bring
broke
brow
brunch
brute

Hard C Sounds

```
C U R T A I N N R
B D C A L F L D T
Q N U R N R N S M
C D F C U I A T T
D A F C B O Y N Y
C Z R A C K W L X
N O C R C O N R G
J T R T O L W R R
Z X Q N M T J W F
```

cabin
calf
carrot
cart
coast

con
corn
cuff
curl
curtain

Soft C Sounds

```
W  J  C  C  K  R  L  Y  E
W  C  C  V  E  K  V  T  C
C  E  N  T  S  L  A  Y  I
C  M  N  J  C  R  L  Y  N
W  E  R  L  B  I  T  S  E
C  N  L  E  M  I  D  M  M
L  T  L  N  C  N  N  E  A
P  E  R  C  E  L  L  A  R
C  C  C  E  R  T  A  I  N
```

celebrate
cellar
cells
cement
center

cents
certain
cider
cinema
city

–CH Sounds

```
H  M  W  H  H  H  P  R  J
W  A  T  C  H  G  Z  H  M
B  N  R  K  M  U  C  H  H
F  A  P  Q  G  T  L  C  I
M  E  M  I  A  C  T  W  T
S  C  T  C  N  E  R  K  C
U  Q  C  C  K  C  T  Y  H
C  L  K  S  H  T  H  N  R
H  M  C  R  U  N  C  H  Z
```

catch	much
crunch	pinch
fetch	sketch
itch	such
march	watch

CK Sounds

```
F  K  L  U  C  K  Y  K  D
L  C  R  M  C  P  C  Q  N
I  K  A  U  U  I  T  T  I
C  D  T  C  T  R  E  L  C
K  S  N  S  K  K  K  W  K
E  B  Y  V  C  L  P  Y  E
R  O  L  A  B  T  E  M  L
J  F  R  L  T  R  U  C  K
Z  B  I  C  K  E  R  Q  N
```

bicker	lucky
bracket	murky
cackle	nickel
flicker	stuck
joystick	truck

DD Sounds

```
R  R  M  N  Q  E  M  X  H
Y  E  T  F  L  L  S  S  I
R  P  D  D  I  S  G  A  D
M  B  D  D  E  D  Y  D  D
Y  I  F  R  E  D  D  D  E
M  K  D  T  D  S  T  L  N
U  D  D  E  R  Z  T  E  E
A  D  T  D  A  D  D  Y  K
P  L  P  A  D  D  L  E  Y
```

address
daddy
fiddle
hidden
middle

paddle
reddest
saddle
teddy
udder

-DGE Sounds

```
S  M  U  D  G  E  H  B  Z
W  Y  F  J  U  D  G  E  H
L  H  D  R  E  K  F  N  R
R  O  H  G  I  M  U  R  I
F  Q  D  M  E  D  D  E  D
L  E  D  G  Z  N  G  N  G
H  R  D  P  E  D  E  E  E
N  E  N  K  A  P  M  N  R
W  W  W  B  R  I  D  G  E
```

badge	judge
bridge	lodge
fridge	ridge
fudge	smudge
hedge	wedge

DR Sounds

```
D  D  V  V  D  R  I  E  S
R  Z  B  K  L  W  V  W  D
O  D  D  R  U  M  M  E  R
N  G  R  R  D  R  A  P  E
E  D  Q  O  A  R  B  C  A
R  Z  R  M  P  L  I  W  R
Z  T  A  A  P  L  E  L  Y
J  R  L  M  W  R  E  Y  L
D  D  M  H  D  L  D  T  H
```

drama	dries
drape	drill
draw	drone
dreary	droplet
drew	drummer

Long EA Sounds

```
W K Q N K N E A D
J M M W C M J L N
P E A N U T A F Z
E S Z N M E F M N
J A H X H E E H E
H B G E C D A V A
R M X E A B R L R
T V X E R R V X L
B Q B C R E A M Y
```

bead	knead
cream	meal
eager	nearly
fear	peanut
heal	shear

Short EA Sounds

```
L  N  D  S  P  R  E  A  D
O  V  R  R  Q  D  R  A  R
N  C  A  F  B  R  E  A  D
G  E  E  E  X  R  Y  A  D
B  R  N  A  T  R  W  A  F
Q  E  L  T  N  X  E  X  L
R  A  Q  H  L  H  G  N  M
B  D  H  E  A  V  Y  X  B
P  Y  T  R  K  K  M  J  N
```

bear
bread
deaf
feather
head

heavy
ocean
ready
spread
tread

FL Sounds

```
W  N  C  C  R  C  W  Y  D
G  L  C  F  B  L  S  K  Q
F  B  F  D  L  M  K  R  C
L  F  X  L  I  O  E  L  F
E  L  R  L  E  M  O  Y  L
X  U  F  N  A  E  N  R  O
T  F  F  L  I  T  T  C  P
D  F  F  J  K  F  L  A  P
F  Y  P  F  L  U  N  K  Y
```

flame	flit
flap	floor
fleet	floppy
flex	fluffy
flimsy	flunk

FR Sounds

```
F  F  F  F  R  U  I  T  S
F  R  H  R  W  T  K  Z  E
R  O  E  D  O  Y  N  R  G
E  N  K  E  A  C  U  H  Y
T  T  N  D  Z  T  K  T  W
V  F  I  B  C  E  D  P  M
V  R  M  A  F  R  I  L  L
F  F  R  A  G  M  E  N  T
R  F  R  Y  I  N  G  Z  L
```

fracture	frill
fragment	frock
freeze	front
fret	fruits
Friday	frying

Hard G Sounds

```
F  R  C  T  G  H  O  S  T
G  A  R  A  G  E  L  L  B
B  G  G  V  M  G  B  N  H
N  A  K  A  L  O  O  Z  G
G  S  Y  E  R  L  X  A  W
G  H  V  R  E  D  L  L  L
H  A  P  N  X  A  E  B  T
G  Y  O  M  G  D  X  N  T
F  G  U  S  T  L  H  R  H
```

gala	ghost
garage	goal
garden	gold
gash	gone
gavel	gust

Soft G Sounds

```
L  J  N  G  E  N  T  L  E
G  Z  G  D  E  Y  Y  K  W
I  R  I  E  R  R  W  T  S
R  G  N  L  N  M  M  U  X
A  E  G  E  M  E  I  Z  L
F  N  E  V  C  N  R  E  T
F  I  R  K  E  M  G  A  P
E  E  V  G  Y  R  T  L  L
J  J  M  G  J  K  X  K  T
```

gel
gem
general
genie
genius

gentle
germ
ginger
giraffe
gym

GL Sounds

```
G  L  I  M  M  E  R  G  G
T  G  G  B  T  N  K  L  L
R  X  L  Y  Y  F  X  I  O
R  N  E  A  T  Y  N  N  B
Y  L  E  G  S  E  F  T  E
M  G  G  S  L  S  J  D  N
L  F  O  G  N  U  A  W  M
V  L  R  K  J  L  M  M  Q
G  M  Q  K  G  L  A  N  D
```

glade   glimmer
gland   glint
glass   globe
glee   glossy
glen   glum

GR Sounds

```
G  G  G  R  A  V  E  J
F  R  V  R  L  R  T  M  Y
N  O  U  R  O  F  N  S  K
M  O  J  M  F  S  S  V  M
G  M  C  U  B  A  S  I  B
R  R  R  T  R  L  R  K  F
E  G  E  G  M  G  E  F  B
E  N  H  A  P  G  R  I  T
D  C  Q  P  T  C  T  R  K
```

grassy
grave
great
greed
grim

grit
groom
gross
gruff
grumble

H Sounds

```
R  C  L  Q  S  G  T  G  R
H  K  D  S  H  I  L  N  B
E  E  I  R  B  O  H  N  K
L  H  A  A  Q  L  M  L  B
P  N  H  T  W  H  U  E  N
H  I  D  E  Z  H  A  D  W
O  W  Z  K  V  C  Z  V  M
O  T  Z  G  N  P  R  B  W
K  L  H  U  T  C  H  X  F
```

habit	hiss
had	home
heat	hook
help	hulk
hide	hutch

Long I Sounds

```
W  B  K  T  D  Q  T  C  W
L  Q  P  R  Y  I  K  H  R
N  P  Y  I  H  K  E  G  T
D  P  I  S  V  T  C  T  M
G  Y  Y  E  H  R  N  H  F
G  N  M  G  K  V  G  T  I
Q  I  I  T  R  I  A  L  L
L  R  J  F  S  M  I  N  E
B  M  L  C  I  D  E  R  C
```

bright   mine
cider   pie
diet   rise
file   sigh
lime   trial

Short I Sounds

```
B M L I N T E Y G
T K I X Y L Q N T
R G H S G G I X H
I T T N T S G B I
N D I M P L E H L
K J P K I G K J L
E N Q K N F H K K
T N X I N T I C F
J K B M M N J G Q
```

bing
dimple
fig
hill
jingle

lint
mist
pin
sing
trinket

J Sounds

J F T N J T P D Y
O V G T N O E N G
K J I N X G I B N
E E D J G R E N Z
R R N A U L J H T
T K J K G N P E Q
J X N G C M G X T
P M I Q U K M L C
C J R J J A M T E

jagged   jinx
jam   joint
jet   joker
jerk   jump
jiggle   jungle

K Sounds

```
Z L N K I D N E Y
Y N R I N B K B M
Y B W V W C V B G
K I F L I N T M J
K E H K U D O S J
I L E T O O D V K
L K N P B A P D E
T Z J A Y F L D E
R H K A Y A K A L
```

kaboom	kidney
kayak	kilt
keel	kiwi
keep	koala
kick	kudos

KN Sounds

```
X  K  F  K  W  Z  Y  T  B
K  Q  N  O  N  T  M  O  Q
N  L  N  O  E  E  N  L  F
I  K  H  V  C  K  E  T  X
F  M  A  K  Y  K  H  L  K
E  N  K  N  E  E  C  A  P
K  V  W  O  W  B  N  L  M
K  N  I  T  T  I  N  G  K
K  N  U  C  K  L  E  B  W
```

knave	knob
kneecap	knock
kneel	knot
knife	know
knitting	knuckle

LL Sounds

```
T  P  S  R  Z  T  P  F  R
G  X  I  A  Y  K  D  O  L
X  K  L  L  N  M  Y  L  X
R  C  L  L  L  G  W  L  V
D  E  Y  Y  R  O  F  O  K
J  O  N  E  L  N  W  W  C
L  O  L  L  I  P  O  P  N
Y  L  E  L  B  E  L  L  Y
A  Y  Y  N  Y  F  P  K  R
```

allergy
belly
dolly
follow
jelly

lollipop
pillow
rally
silly
yellow

—MB Sounds

```
R  C  N  L  M  K  Q  B  L
R  R  Q  Z  T  T  M  G  I
H  U  T  N  C  U  Y  Y  M
R  M  N  W  D  O  M  P  B
Z  B  L  A  M  B  M  M  E
C  L  I  M  B  T  U  B  R
N  X  M  M  C  H  O  D  C
R  J  O  B  T  W  Y  M  N
F  B  V  C  N  W  O  M  B
```

bomb	lamb
climb	limber
comb	thumb
crumb	tomb
dumb	womb

32

—NG Sounds

```
D  Y  A  W  N  I  N  G  N
T  A  M  O  P  I  N  G  R
P  R  N  K  G  I  Y  G  I
Q  E  M  C  K  R  N  T  N
P  G  E  O  I  I  K  G  G
L  O  J  L  D  N  N  M  I
X  N  K  D  I  U  G  K  N
D  G  A  R  S  N  R  M  G
X  R  B  A  N  G  G  P  C
```

adding	moping
bang	peeling
dancing	ringing
gong	sung
joking	yawning

—NK Sounds

```
R  R  P  R  P  L  A  N  K
I  C  H  I  P  M  U  N  K
N  Q  R  M  N  L  J  N  V
K  Y  A  N  K  K  I  M  F
N  R  H  N  D  L  N  K  R
K  Z  O  W  B  U  N  R  A
K  M  C  H  L  U  N  L  N
M  V  T  T  K  W  N  K  K
D  J  K  S  L  L  V  P  T
```

blink	pink
chipmunk	plank
dunk	rink
frank	skunk
monk	yank

Long OA Sounds

```
T O A S T T C H N
T C C L A R C W J
C R T O L A Y Y D
N O L B O K P A P
G F A R C L O A K
C O P L H R A Y F
O P A R Z L C Y J
A Z L T M Z H L G
T K H G O A L I E
```

approach   goalie
cloak   goat
coal   poach
coat   road
float   toast

OI Sounds

```
P  T  Z  F  M  P  M  D  T
T  P  V  O  I  D  I  Z  S
T  Y  O  Q  L  O  B  R  P
J  R  P  I  L  B  T  H  O
C  Y  O  B  N  S  K  O  I
X  R  A  F  I  T  T  I  L
B  T  V  O  O  J  T  S  D
Y  T  M  C  O  I  N  T  Q
N  O  I  S  E  H  L  Q  H
```

broil	noise
coin	point
foil	spoil
hoist	tabloid
moist	void

Long OO Sounds

```
K  X  W  S  J  T  R  G  B
J  T  S  C  O  O  T  E  R
L  G  M  O  G  O  K  R  Z
O  V  B  J  V  O  N  C  O
O  B  R  O  O  M  O  W  O
S  M  T  L  T  G  W  S  M
E  K  O  S  C  O  O  P  E
J  O  R  Q  C  W  Q  B  K
P  P  P  N  T  O  O  T  H
```

boot
broom
goose*
loose
pool

scoop
scooter
soon
tooth
zoom

PH Sounds

```
X  P  C  P  P  P  D  R  K
P  H  D  H  W  H  J  Y  L
H  R  K  O  T  E  O  M  R
O  A  X  T  N  W  O  N  C
B  S  Y  O  P  T  V  N  Y
I  E  H  D  N  H  R  K  P
A  P  H  A  R  M  A  C  Y
P  P  H  O  N  I  C  S  J
T  P  V  L  T  R  L  Z  E
```

phantom
pharmacy
phase
phew
phobia

phone
phonics
phony
photo
phrase

QU Sounds

```
M T Q P M G Y T M
R Q N U J S N D Q
Y B U R A I W N U
H R Y E A R H F A
Q L U U R P R R R
U Q Q Q I Y D Y T
I X Q U E N C H D
C D Q U A L I F Y
K K V R Q U O T A
```

quaint	quench
qualify	query
quarry	quick
quart	quip
queasy	quota

RR Sounds

```
E  C  T  H  O  R  R  O  R
R  T  H  M  B  L  W  K  T
R  E  N  E  A  N  N  S  T
O  R  A  H  R  R  E  E  S
R  R  R  N  P  R  R  T  O
T  A  R  Z  R  R  Y  Y  R
L  C  O  A  E  L  G  D  R
D  E  W  F  R  J  Y  K  O
W  B  A  R  R  E  L  R  W
```

arrest
barrel
cherry
error
ferret

horror
marry
narrow
sorrow
terrace

Hard SC Sounds

```
S  G  S  C  R  O  L  L  C
C  S  C  O  U  R  K  I  L
A  S  L  N  X  K  T  H  S
R  S  C  A  L  P  P  B  C
E  S  L  A  E  P  A  L  R
C  B  C  C  M  C  J  M  E
R  K  S  R  S  P  U  L  E
O  W  B  R  A  C  E  Q  N
W  G  R  C  S  P  W  R  M
```

scab	scour
scalp	scrap
scamper	screen
scarecrow	scroll
sceptic	scum

—SH Sounds

```
T  M  H  R  M  W  K  K  R
M  J  F  Y  D  W  I  S  H
F  N  L  M  N  I  V  B  S
H  T  E  H  E  H  S  H  Q
G  W  S  K  S  S  S  H  U
R  O  H  U  P  A  H  X  A
G  M  B  C  R  U  S  H  S
H  M  N  H  T  T  W  L  H
H  N  T  M  M  L  A  S  H
```

bush
crush
dish
flesh
gosh

lash
mesh
squash
thrash
wish

SP Sounds

```
N  X  Q  C  S  E  X  R  T
Y  Z  R  R  N  P  Y  S  L
S  H  C  I  D  K  O  P  F
P  S  P  A  N  P  E  O  V
E  S  P  U  J  C  P  R  N
N  D  P  E  A  C  Q  T  L
T  S  M  P  A  J  K  S  B
G  K  S  P  U  R  N  T  T
R  V  S  P  I  T  K  M  Q
```

space	spit
span	spoon
spear	sports
spent	spunky
spine	spurn

STR Sounds

```
V  S  Z  Q  K  L  M  T  C
S  T  T  T  S  U  M  Y  J
T  R  M  R  R  T  R  T  T
R  E  L  T  O  N  R  C  V
O  T  S  K  I  L  I  A  M
N  C  M  A  W  R  L  T  Y
G  H  R  S  T  R  A  N  D
L  T  R  S  T  R  I  D  E
S  S  T  R  U  N  G  R  V
```

strain   stride
strand   stroll
stray   strong
stretch   strum
strict   strung

SW Sounds

```
S  W  I  V  E  L  J  S  L
S  J  N  Z  N  H  M  W  R
W  F  W  O  S  G  X  E  S
I  R  O  I  N  H  G  R  W
M  W  W  U  S  G  M  V  O
S  S  W  B  A  W  D  E  R
U  S  N  W  Z  T  E  G  E
I  V  S  W  A  T  T  E  L
T  G  N  W  R  L  T  M  P
```

swagger   swish
swat   swivel
sweep   swoon
swerve   swore
swimsuit   swung

TH Sounds

```
T  X  T  K  Y  R  N  T  C
H  H  F  H  K  R  D  H  N
R  K  R  N  E  U  D  I  R
E  Y  A  I  H  R  L  E  K
A  H  K  T  V  K  M  F  R
T  H  I  C  K  E  T  A  H
R  P  P  T  H  E  M  E  L
K  T  H  I  R  S  T  Y  H
T  H  O  R  N  H  L  Y  R
```

thank	thirsty
theme	thorn
thermal	threat
thicket	thrive
thief	thud

TR Sounds

```
T   T   M   T   R   I   C   K   Y
R   B   R   T   T   R   A   M   T
O   T   D   E   D   R   R   H   R
M   L   R   V   A   E   U   Y   E
B   T   V   I   L   S   D   C   K
O   H   R   I   P   N   U   L   E
N   F   A   U   E   L   L   R   T
E   R   Z   R   L   N   E   G   E
T   L   T   W   Q   Y   W   J   H
```

trailer   tricky
tram   triple
treasure   trombone
trek   truce
trendy   truly

—UE Sounds

```
F  R  R  N  D  E  M  R  Y
U  W  K  S  U  D  D  M  R
E  C  O  N  T  I  N  U  E
L  M  E  E  X  A  E  Y  S
L  V  U  X  D  U  T  M  C
A  R  V  N  L  U  Y  U  U
T  T  J  G  J  H  E  X  E
B  L  U  E  B  E  R  R  Y
M  C  I  S  S  U  E  P  M
```

avenue
blueberry
continue
due
fuel

glue
issue
rescue
statue
true

V Sounds

```
K R W X X T E T N
V Z R G V C Z I R
D A L L I R A Z B
V V M O J V O W R
Z I V P V A L V E
V S R N I A C Q Q
E I L U I R T M X
N T J V S M E M Z
D V E S S E L Y F
```

vain	vial
valve	virus
vampire	visit
vend	voice
vessel	vow

WH Sounds

```
W  N  W  H  I  S  K  W  L
W  H  A  R  F  D  X  H  W
H  W  E  Z  X  J  N  O  V
O  H  B  E  K  V  K  L  T
O  E  W  C  Z  M  Q  E  T
P  W  A  H  O  E  M  M  P
S  H  N  H  I  I  Q  L  D
W  L  W  T  H  Z  K  N  T
M  Y  C  W  T  H  R  X  L
```

whack	whisk
wharf	whiz
wheeze	whole
whew	whom
whim	whoops

Y Sounds

```
C  M  H  T  C  K  C  D  Y
Y  E  A  R  N  K  Y  Z  U
Y  B  F  M  Y  S  X  P  M
Y  O  A  L  E  E  U  H  M
O  Y  G  K  K  Y  A  R  Y
U  X  I  A  X  E  H  S  X
T  Y  F  D  D  T  D  Y  T
H  B  N  M  X  I  K  Y  V
Y  O  D  E  L  D  F  M  B
```

yam	yodel
yearn	yoga
yeast	youth
yeti	yummy
yikes	yup

Z Sounds

```
R  B  Q  J  B  K  R  T  J
M  G  Z  O  N  K  E  D  G
Z  H  B  C  P  R  Y  L  H
R  I  Z  L  G  Z  R  K  M
Z  N  N  A  J  F  E  A  Y
I  Z  Z  C  N  L  T  A  R
P  E  N  R  O  E  P  N  L
P  R  Z  O  Z  I  L  C  H
Y  O  Z  D  Z  A  N  Y  G
```

zag	zilch
zany	zinc
zeal	zippy
zero	zonked
zeta	zoo

AI Sounds

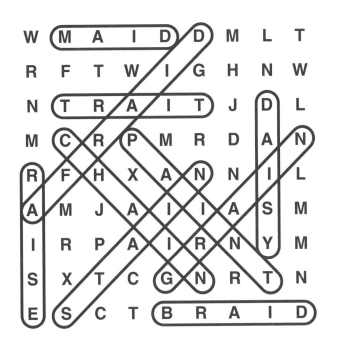

AW Sounds

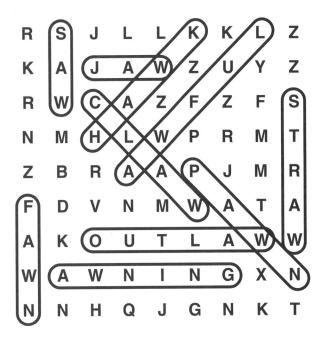

AY Sounds

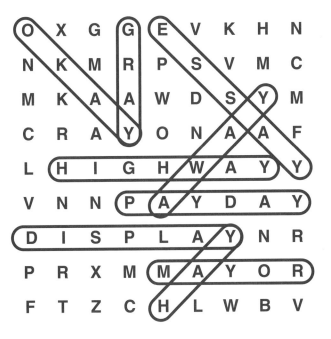

BL Sounds

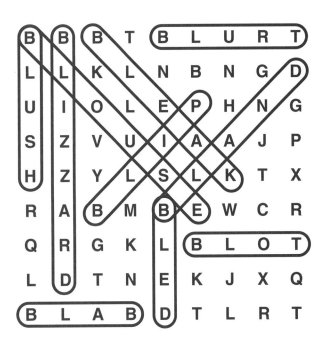

BR sounds

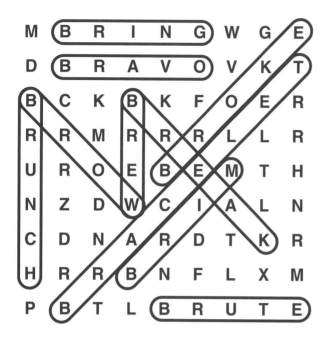

M B R I N G W G E
D B R A V O V K T
B C K B K F O E R
R R M R R R L L R
U R O E B E M T H
N Z D W C I A L N
C D N A R D T K R
H R R B N F L X M
P B T L B R U T E

Hard C Sounds

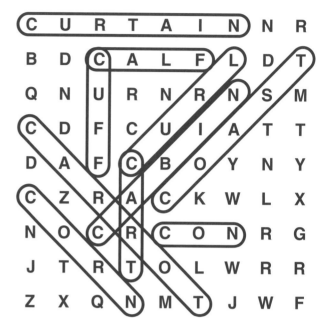

C U R T A I N N R
B D C A L F L D T
Q N U R N R N S M
C D F C U I A T T
D A F C B O Y N Y
C Z R A C K W L X
N O C R C O N R G
J T R T O L W R R
Z X Q N M T J W F

Soft C Sounds

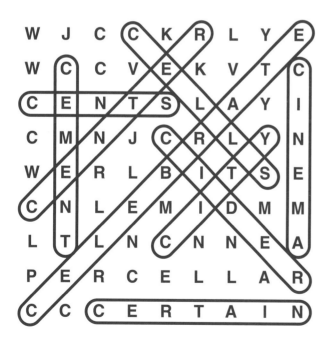

W J C C K R L Y E
W C C V E K V T C
C E N T S L A Y I
C M N J C R L Y N
W E R L B I T S E
C N L E M I D M M
L T L N C N N E A
P E R C E L L A R
C C C E R T A I N

-CH Sounds

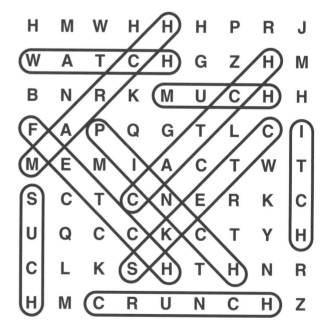

H M W H H H P R J
W A T C H G Z H M
B N R K M U C H H
F A P Q G T L C I
M E M I A C T W T
S C T C N E R K C
U Q C C K C T Y H
C L K S H T H N R
H M C R U N C H Z

54

CK Sounds

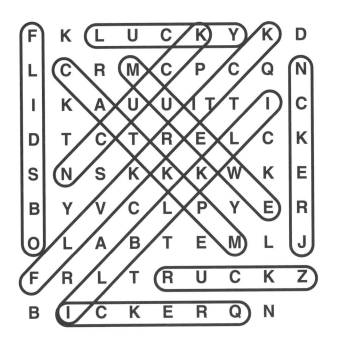

DD Sounds

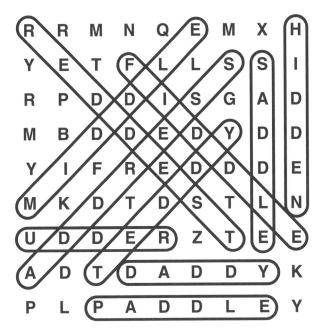

-DGE Sounds

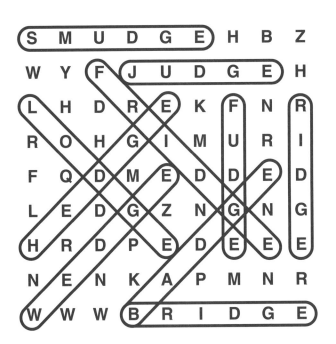

DR Sounds

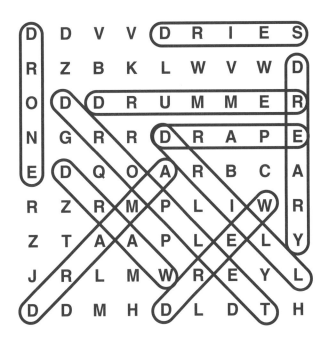

Long EA Sounds

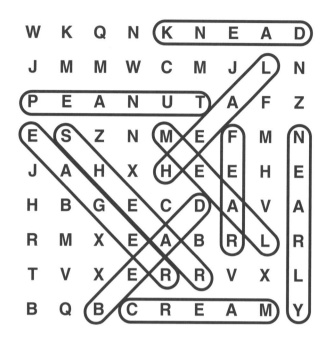

```
W  K  Q  N (K  N  E  A  D)
J  M  M  W  C  M  J  L  N
(P  E  A  N  U  T) A  F  Z
(E  S  Z  N (M  E  F  M
J  A  H  X (H  E  E  H  E
H  B  G  E  C  D  A  V  A
R  M  X  E  A  B  R  L  R
T  V  X  E  R  R  V  X  L
B  Q (B (C  R  E  A  M) Y
```

Short EA Sounds

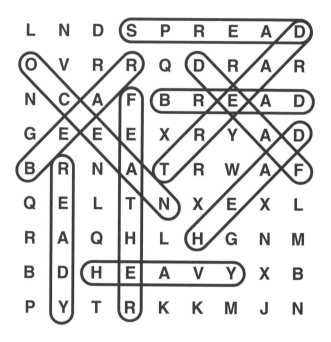

```
L  N  D (S  P  R  E  A  D)
(O  V  R  R  Q (D  R  A  R
N  C  A  F (B  R  E  A  D
G  E  E  E  X  R  Y  A  D
B  R  N  A  T  R  W  A  F
Q  E  L  T  N  X  E  X  L
R  A  Q  H  L (H  G  N  M
B (D (H  E  A  V  Y) X  B
P  Y  T  R  K  K  M  J  N
```

FL Sounds

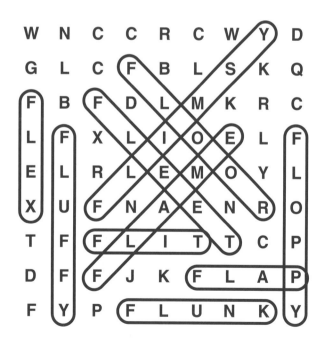

```
W  N  C  C  R  C  W  Y) D
G  L  C (F  B  L  S  K  Q
(F  B  F  D  L  M  K  R  C
L  B  F  X  L  I  O  E  L  F
E (F  X  L  I  O  E  L  F
X (F  R  L  E  M  O  Y  L  O
T  U  F  N  A  E  N  R  P
D  F (F  L  I  T  T) C  P
F (Y  P (F  L  U  N  K  Y) Y
```

FR Sounds

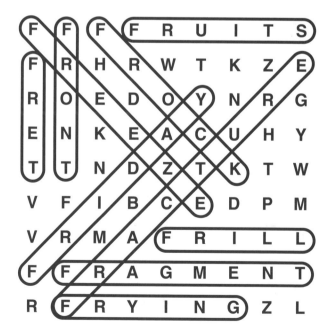

```
(F (F (F (F  R  U  I  T  S)
(F (F  R  H  R  W  T  K  Z  E)
R (O  E  D  O  Y  N  R  G
E  N  K  E  A  C  U  H  Y
T  T  N  D  Z  T  K  T  W
V  F  I  B  C  E  D  P  M
V  R  M  A (F  R  I  L  L)
F (F  R  A  G  M  E  N  T)
R (F  R  Y  I  N  G) Z  L
```

Hard G Sounds

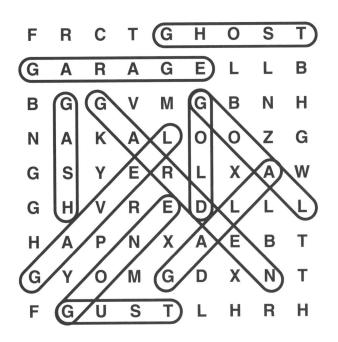

Soft G Sounds

GL Sounds

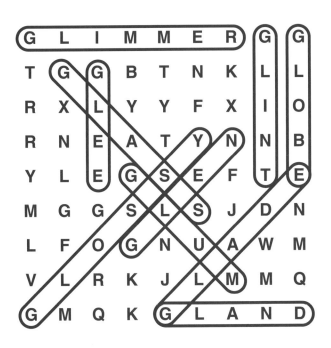

GR Sounds

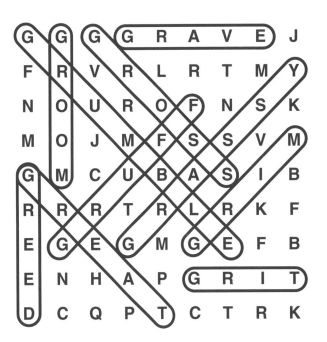

H Sounds

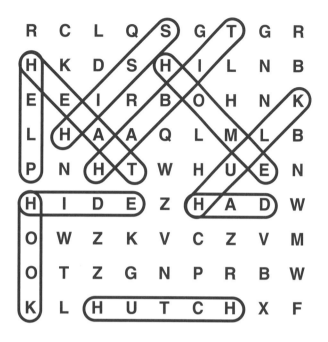

```
R  C  L  Q  S  G  T  G  R
H  K  D  S  H  I  L  N  B
E  E  I  R  B  O  H  N  K
L  H  A  A  Q  L  M  L  B
P  N  H  T  W  H  U  E  N
H  I  D  E  Z  H  A  D  W
O  W  Z  K  V  C  Z  V  M
O  T  Z  G  N  P  R  B  W
K  L  H  U  T  C  H  X  F
```

Long I Sounds

```
W  B  K  T  D  Q  T  C  W
L  Q  P  R  Y  I  K  H  R
N  P  Y  I  H  K  E  G  T
D  P  I  S  V  T  C  T  M
G  Y  Y  E  H  R  N  H  F
G  N  M  G  K  V  G  T  I
Q  I  I  T  R  I  A  L  L
L  R  J  F  S  M  I  N  E
B  M  L  C  I  D  E  R  C
```

Short I Sounds

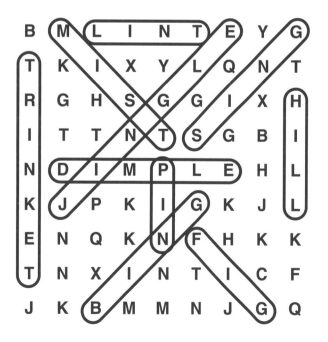

```
B  M  L  I  N  T  E  Y  G
T  K  I  X  Y  L  Q  N  T
R  G  H  S  G  G  I  X  H
I  T  T  N  T  S  G  B  I
N  D  I  M  P  L  E  H  L
K  J  P  K  I  G  K  J  L
E  N  Q  K  N  F  H  K  K
T  N  X  I  N  T  I  C  F
J  K  B  M  M  N  J  G  Q
```

J Sounds

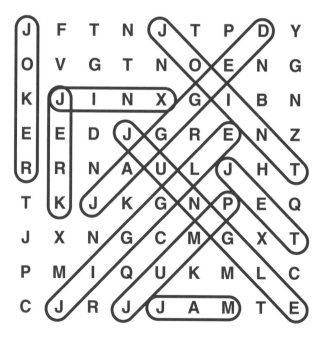

```
J  F  T  N  J  T  P  D  Y
O  V  G  T  N  O  E  N  G
K  J  I  N  X  G  I  B  N
E  E  D  J  G  R  E  N  Z
R  R  N  A  U  L  J  H  T
T  K  J  K  G  N  P  E  Q
J  X  N  G  C  M  G  X  T
P  M  I  Q  U  K  M  L  C
C  J  R  J  A  M  T  E
```

K Sounds

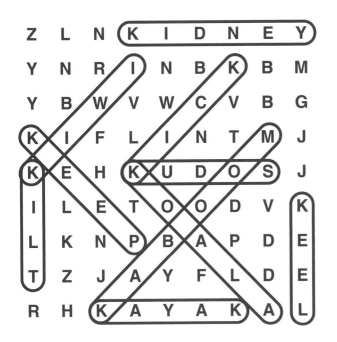

```
Z  L  N  K  I  D  N  E  Y
Y  N  R  I  N  B  K  B  M
Y  B  W  V  W  C  V  B  G
K  I  F  L  I  N  T  M  J
K  E  H  K  U  D  O  S  J
I  L  E  T  O  O  D  V  K
L  K  N  P  B  A  P  D  E
T  Z  J  A  Y  F  L  D  E
R  H  K  A  Y  A  K  A  L
```

KN Sounds

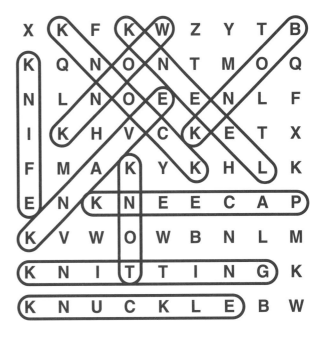

```
X  K  F  K  W  Z  Y  T  B
K  Q  N  O  N  T  M  O  Q
N  L  N  O  E  E  N  L  F
I  K  H  V  C  K  E  T  X
F  M  A  K  Y  K  H  L  K
E  N  K  N  E  E  C  A  P
K  V  W  O  W  B  N  L  M
K  N  I  T  T  I  N  G  K
K  N  U  C  K  L  E  B  W
```

LL Sounds

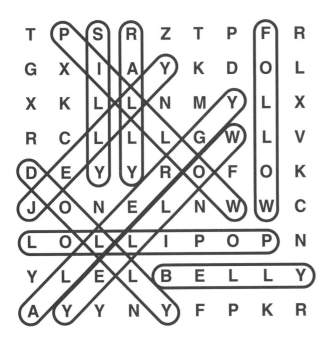

```
T  P  S  R  Z  T  P  F  R
G  X  I  A  Y  K  D  O  L
X  K  L  L  N  M  Y  L  X
R  C  L  L  L  G  W  L  V
D  E  Y  Y  R  O  F  O  K
J  O  N  E  L  N  W  W  C
L  O  L  L  I  P  O  P  N
Y  L  E  L  B  E  L  L  Y
A  Y  Y  N  Y  F  P  K  R
```

—MB Sounds

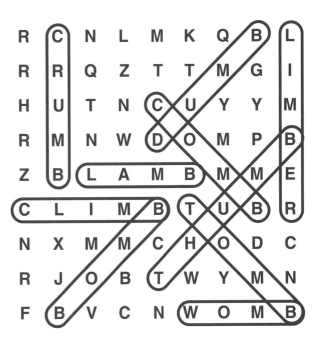

```
R  C  N  L  M  K  Q  B  L
R  R  Q  Z  T  T  M  G  I
H  U  T  N  C  U  Y  Y  M
R  M  N  W  D  O  M  P  B
Z  B  L  A  M  B  M  M  E
C  L  I  M  B  T  U  B  R
N  X  M  M  C  H  O  D  C
R  J  O  B  T  W  Y  M  N
F  B  V  C  N  W  O  M  B
```

59

-NG Sounds

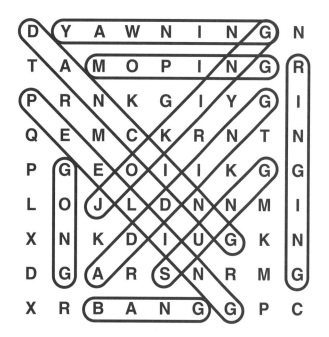

-NK Sounds

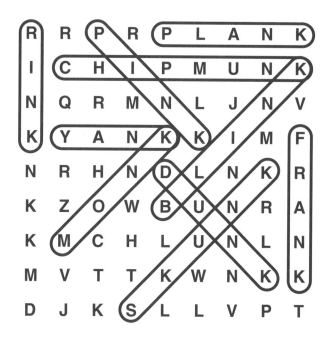

Long OA Sounds

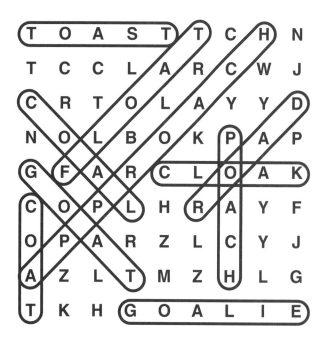

OI Sounds

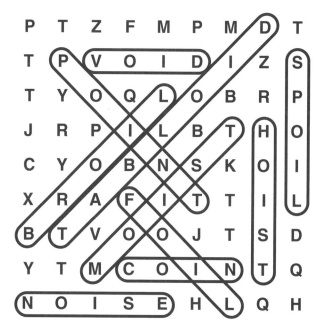

60

Long OO Sounds

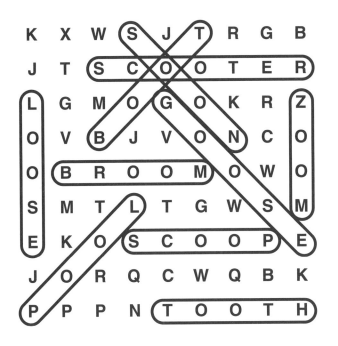

PH Sounds

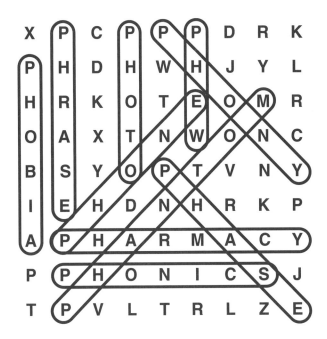

QU Sounds

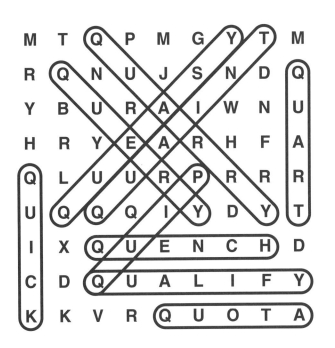

RR Sounds

Hard SC Sounds

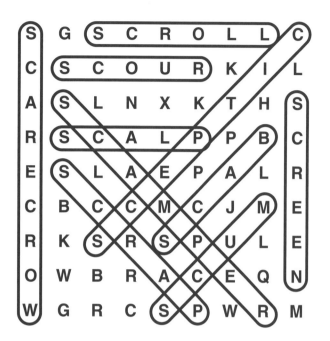

—SH Sounds

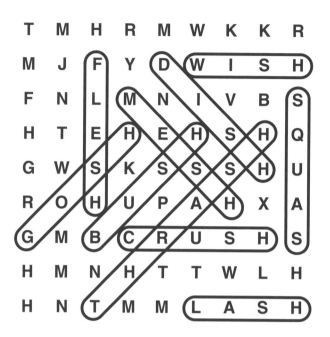

SP Sounds

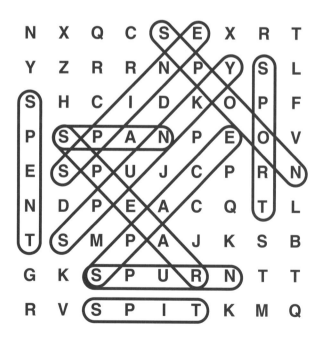

STR Sounds

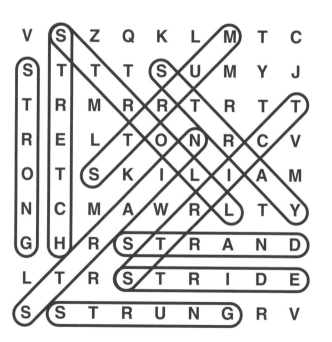

SW Sounds

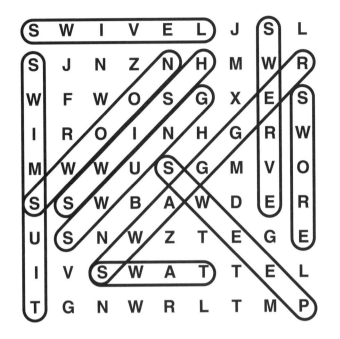

TH Sounds

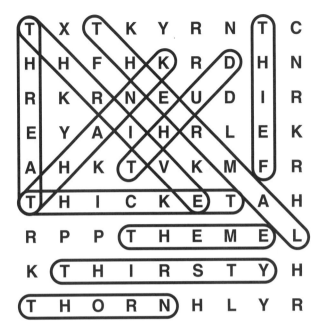

TR Sounds

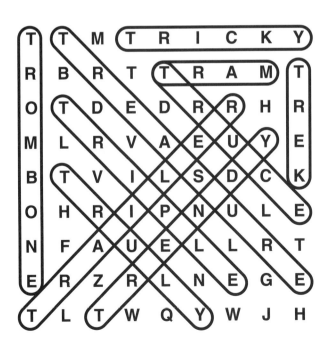

—UE Sounds

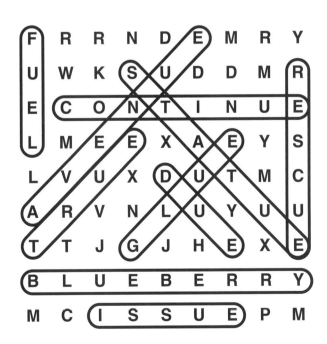

V Sounds

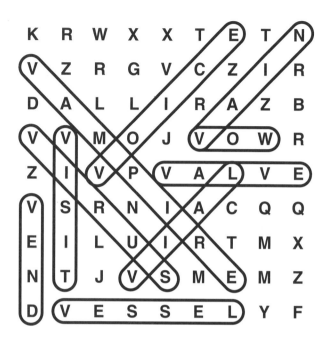

```
K R W X X T E T N
V Z R G V C Z I R
D A L L I R A Z B
V V M O J V O W R
Z I V P V A L V E
V S R N I A C Q Q
E I L U I R T M X
N T J V S M E M Z
D V E S S E L Y F
```

WH Sounds

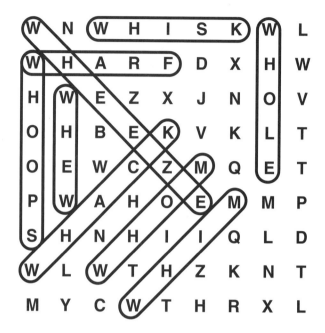

```
W N W H I S K W L
W H A R F D X H W
H O W E Z X J N O V
O H B E K V K L T
O E W C Z M Q E T
P W A H O E M M P
S H N H I Q L D
W L W T H Z K N T
M Y C W T H R X L
```

Y Sounds

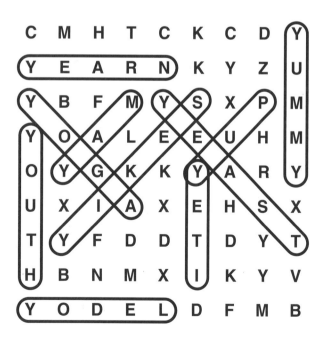

```
C M H T C K C D Y
Y E A R N K Y Z U
Y B F M Y S X P M
Y O A L E E U H M
O Y G K K Y A R Y
U X I A X E H S X
T Y F D D D Y T
H B N M X I K Y V
Y O D E L D F M B
```

Z Sounds

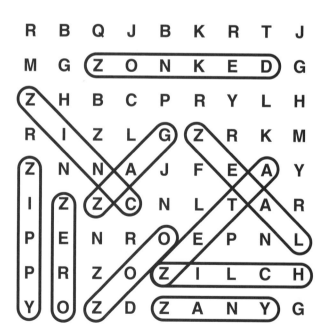

```
R B Q J B K R T J
M G Z O N K E D G
Z H B C P R Y L H
R I Z L G Z R K M
Z N N A J F E A Y
I Z Z C N L T A R
P E N R O E P N L
P R Z O Z I L C H
Y O Z D Z A N Y G
```